一に抱っこ
二に抱っこ
三、四がなくて
五に笑顔

田下昌明

あなたも素敵なお母さん

お母さん
おめでとう

素敵なお母さんになるための
入口に立ちましたね

子供の成長は
親にとって
何物にも代えがたい喜びです

子育ては尊く
価値ある営みです

誇りと自信を持って
うんと楽しんでください

育児は
練習なしでやってきます
初めての場合
特に心配かもしれません

まして
いじめや虐待のニュースを聞けば
不安にもなりますね

それが親というものではないでしょうか

よくお母さんから
育て方がわからない
という声を聞きます

子育てというのは
自分が親に育てられたように
わが子を育てます
親の子育てが
孫に伝わるということです

自慢できるような
子育てがしたいですね

子供は授かりものと
昔から言われています

わが子に引き継がれた命
あなたは何を
子供に手渡していきますか？

手渡すものを持つことは
とても大事なことです
子育ての指針になるからです

日本人には日本人にあった
素晴らしい子育て法があります
一言でいえば
胎教と抱っこです

親として
子供にどう接したらいいのか
その知恵を
わかりやすく
すぐに実践できるように
まとめました

あなたもこれで素敵なお母さんです

目次

目次

目次

目次

第五章 子育てに意外な落し穴

目次

挿絵　えにし屋　清水佳子
装幀　瑞穂

第一章　生命のバトン・タッチ

育児の基盤となるもの

最初に
どうしてもわかってもらいたいことがあります
ちょっと固い話になりますが
非常に大切なことですので
ぜひ嫌がらずに読んでください

これがわからないと
子供をどう育てたらいいのか
わからなくなります

二つあります
一つは「生命の意味」
もう一つは、子育てに関する「三つの問い」です

生命の大切さ

最近は、生命の大切さが叫ばれます
しかしそれによって
生命の大切さは伝わっているでしょうか
そうは思えません
なぜでしょう

それは
生命の意味が
きちんと理解されていないからです

子育ても同じ
生命の意味がわからなければ
子育ての方針がでてきません

生命　四つの意味

動物の生命には
「種の生命」と「個の生命」の二通りの意味があります
例えば犬なら
犬自身の個の生命と、犬という種の生命です

人間にはこれに
「民族の生命」と「家系の生命」が加わります

私達は、祖先からずっと生命が引き継がれて今ここにいます
そして今度は、子から孫へと引き継がれていきます
それが「家系の生命」です
すなわち子供を育てるということは
子の生命を守ると同時に
「家系の生命」を守るということにつながります

民族の生命

また私達日本人は、日本という国に属しています
その国の一番根っこにあるものは
そこに暮らす者が共通して持っている文化や言葉です
その文化や言葉でまとまったものが民族
私達の生命はそれを引き継ぐ
「民族の生命」でもあるのです

ということで子育てというのは
単に、子供を育てる
子供の生命を守るということだけではなく
人間としての種の生命を守る
家系の生命を守る
日本人全体の民族の生命を守る
その四つの意味があるのです

もうおわかりですね
自分の命は
自分一人のものではないのです

この事実を謙虚にうけとめることで
どう生きたらいいのかが定まってきます
また人生の意義も出てきます

子供は授かりものという意味も
ここから出てきます

子供は授かりもの

子育て「三つの問い」

生命の意味がわかったら
次は子育て
「三つの問い」です

一番目は「子供は誰のものなのか」
二番目は「何のために子供を育てるのか」
三番目は「どんな大人になってほしいのか」

その答えが
教育方針、育児方針、躾《しつけ》の方針になっていきます
ですから
この答をだしておかないと
育児等の方針が立てられなくなってしまいます

日本の社会のもの

答はそれぞれにあっていいと思います
私の答を申し上げましょう

一番目の「子供は誰のものなのか」は
日本の社会のものです

日本の社会から子供が二十歳になるまで
しっかり養育しなさいと
委託されていると私は思っています

委託されているからこそ
大切に育てたいという気持ちにもなります
育児を行ううえで大切な気持ちです

日本人に育てる

二番目は
日本の文化、歴史、伝統などを
きっちりと将来につないでもらう日本人に育てる
ということです

先に述べた生命の意味に
伝統、文化を守るということがありますが
それと連動しています

三番目、これは期待する大人像です
法律をきちっと守る
善良で賢い日本国民にするのです

答は妊娠四ヵ月までに

この答は
少なくとも妊娠四ヵ月を過ぎる頃までには
出しましょう
もちろん胎教だけではなく
成人になるまでの指針となります

どうして四ヵ月？　何故？
と思うかもしれません
四ヵ月を過ぎると
胎児の目も耳も鼻も口も
みんな私達大人と同じ様に
全部でき上がっているからです
残りの六ヵ月は
それのトレーニング時期になります
そこまでに答がでていないと胎教ができません

赤ちゃんと交信する

三つの答がでたら早速胎教です
　とにかくお腹の赤ちゃんに
「待っているよ」「愛しているよ」
「周りの皆も待っているし、愛しているよ」
「今日こんな楽しい事があったよ」
と、毎日毎日、呼びかけてください
そして「三つの問い」の答を思い出し
「生まれてきたらいい子に育って
　世の中の役にたつ人間になってね」
と声をかけてください
　大事なのは、お母さんはもちろん
お父さんも、先に生まれた兄弟も
できればおじいちゃん、おばあちゃんも
みんなで声をかけることです
　これが胎教で一番大事なことといっていいでしょう

そうした呼びかけはお腹の赤ちゃんに
ストレートに伝わっていきます
お母さんのいま思っている
想念、想い、信念がそのまま伝わるのです

三つのチャンネル

犬を飼っている人ならわかると思います
散歩に「連れて行こうかな」と思った途端《とたん》
犬は寄ってきます
ところが騙すつもりで「散歩に行こう」と思っても
全然反応しませんね

それと同じように
胎児とお母さんの間は三通りのチャンネルでつながっており
お互い連絡を取り合っています

一番太いパイプが共感

一つはお母さんの動作によって胎児は動きます
もう一つは
化学物質、ホルモン、薬とかでコミュニケーションをとります
もう一つは、共感
波動のようなものです
この三つのうち、一番太いパイプが共感です
お母さんが悲しかったら、瞬間的に胎児も悲しみます
お母さんが嬉しかったら、瞬間的に胎児も嬉しく思います

お母さんがいま抱いている正直な気持ちが
そのまま伝わります
ですから胎児を騙《だま》すことはできません
夫婦喧嘩もいけません
ましてこの子は
いらない子だというようなことは思わないでください

突然いらない子に

私の胎児体験をお話しします

私は母親の妊娠五ヵ月のときに
突然いらない子に転落しました
父親が粟粒結核にかかったからです
レントゲン写真を撮ると粟粒のように写ります
昭和十二年当時、粟粒結核という診断は
ほぼ今の癌の宣告、ほとんど死の宣告と同じでした
それがわかった途端
私は、いらない子に転落したわけです
お袋は、そうは思わなかったと思いますが
多分、お腹の中の私はそれを感じたと思います

結核は恐ろしい伝染病です
私を父から離さなくてはなりません

もう貰われて行く先も決まっていました
運良く父親は
四年間の闘病生活で治りました
本当によかったと思っています

私はタートルネックのセーターが大嫌いです
着ると殺されるような感じが今でもします
それがどうしてなのか、わかりませんでした
あるとき母親が
「おまえが生まれたときは臍帯を二重に巻いていて
　顔が真っ黒で死産かと思った」
といったことがあります
その後いろんな勉強をしてみて
私が生まれるとき
自分自身が誕生を躊躇《ちゅうちょ》したということがわかりました
臍帯を巻くというのは

胎児が自分で巻くのだと今はいわれています
何かの弾みで巻かれるのではなく
お母さんが絶望感を持ったりすると
子供も突然絶望感を持って
妊娠を継続する努力をやめようとする
お母さんの免疫力を下げる努力をやめようとする
それで自然流産が発生するのではないか
ということが最近いわれています
いってみれば自然流産は胎児の自殺ではないかと……

そんな体験が私自身にあったということです

幸い私は四歳まで
慈悲深い母方の祖父母の養育で
何の支障もなく育ちました
祖父母がいなかったら、どうなっていたかわかりません

四歳までという子供にとって大事な時期に
実母といなかったということで
特別、母親との間に何があったということではないですが
何だか薄紙が一枚挟まったような関係でずっときました

もう母親の七回忌も過ぎ
両親はいません
私はあの世に行ったら
お袋に「何かよそよそしい息子ですまなかった」
といって謝《あやま》ろうと思っています

わが子に向って
いらない子なんて
いわないでください

お母さんの声聞こえるよ

お腹の赤ちゃんの様子を少し紹介しましょう
今は医療技術が発達して
あたかも水槽の中の熱帯魚を観察するかのように
胎児を見ることができます
　妊娠丸四ヵ月を過ぎると
　舌は味わえるし、目は見えるし、耳は聞こえる
　喜んでいるのか、悲しんでいるのか
　泣いているのかもわかります
強烈な強い光を五ヵ月以降のお母さんのお腹に当てると
胎児は目を両手で覆います
強い音をお腹のところにやると、両手で耳を塞ぎます
甘いものが大好きです
細い管で胎児の口の周りに出してやると
もっとくれと口を出します
　嫌いなのは、渋いとか酸っぱい味、口をそむけます

モーツァルト大好き

音楽のデータもありますよ
交響曲でいうと
嫌がるのはベートーベン
好きなのはモーツァルトです

私の先輩で札幌で開業している産科の先生がいます
三千人の妊婦に
軽音楽を聞かせて胎児も喜んだかどうかを調べました
嫌な音楽のとき胎児は
まずお腹を蹴《け》るようです
調べた時代がちょっと古いので
曲も古いものですが
一番人気があったのは「マイウェイ」
その次は「シェルブールの雨傘」、「愛情物語」と続いています
もう胎児は自分の意志を持っているのです

胎教の元祖は日本人

日本人は胎教をとても大事にしてきました

ところが昭和二十年、日本は戦争に負けて
「胎教なんて客観的でない
そんなもの信じてまずかった」
　というようなことになりました

その結果
育児の中から胎教は放り出されてしまったのです

そして今度は
欧米のほうで医学技術が発達して
胎教がいかに重要なことか
それがわかってきたのです

胎児に名前をつける

実は孫の胎教に
私もいろいろと関わってきました
その結果
生まれた瞬間からものすごい差がありました
いまは生まれる前から性別がわかります
孫は男の子でしたので
潤明（じゅんめい）という名前をつけて呼んでいました
生まれて十五分後には娘の乳を吸いました
その時に周りの誰かが
潤明と名前を呼んで声をかけると
本当に嘘でもない
「今ボクを呼んだのは誰だ」
という顔をしたのです
普通は一ヵ月以上たたないとこういう反応はしません
その分だけ早く習得しているということです

ですから
とにかく胎教をしっかりやってほしいのです
「待っているよ」「愛しているよ」
と毎日声をかけることで
胎児と家族の距離はうんと縮まります
　ふすまひとつくらいの隔たりしかない
隣の部屋にいる感じになります
そのつもりで胎児とつきあうことが大事です

数え歳が正しい

こうした胎教の大事さとともに
もう一つわかったことがあります
それは数え歳です
日本人は以前、みな数え歳でした
数え歳のほうが科学的で正しいということです
生まれた時が一歳、そこから満で数えることが正しいといえます

朝寝坊のお母さん

朝寝坊のお母さんは胎児も朝寝坊です
そして子供が朝寝坊だと親は苦労します
妊婦は朝早く起きるようにしましょう
　それにもう一つ
　血圧が低くて午前から昼、昼から夕方
夕方から夜にいくにしたがって
段々頭の回転がよくなっていく女性がいます
当然胎児のリズムもそれに合っています
夜十一時頃私は一番調子がいいという人は
その時間帯に胎教をやることになります
そうするとその時間帯では
おじいちゃんおばあちゃんの協力が得にくくなり
損ということにもなります

　早起きはいろんな意味で三文の徳です

とにかく胎児とお母さんは
三つのチャンネルで交流しています

それにもう一つ
胎児とお母さんは
臍の緒でつながっていますね
当然、お母さんは臍から胎児に栄養をやって
一方的にお母さんが胎児を養っているように
思いますね

しかし胎児は
それだけでお母さんのお腹の中に
いられるわけではないのです
胎児も妊娠を続けられるように
努力しているのです

胎児も努力している

胎児は異物

私達の身体は健康を保つために
　免疫を持っています
身体の中に異物（邪魔な物）や
ばい菌やウイルスなどが入ってきたら困ります
それを追い出そうとするのが免疫です
　　胎児というのは
　　母体にとってはもともと異物
　　親の身体としては出ていってほしい存在です
胎児のほうとしては追い出されたら大変です
自分からホルモンを出して
お母さんの免疫を下げているのです
それで何とか折り合った形で二八〇日
　プラスマイナス一週間の胎内生活ができることになります
生まれてくる時も、胎児のほうから出されたホルモンで陣痛が始まります
ですから、お産の時は胎児にお願いすると協力してくれるのです

つるんとさっさで二時間半

胎児には自我があります
胎児の自我とお母さんの体と調和させ
分娩に臨まなくてはいけません
　ですから胎児に向かって
お母さんも大変だし
おまえも出てくるのが大変だろうから
生まれる時は「つるんとさっさと出てきてね」
と、お願いをしておきます
するとほとんどそうなります
　「あなたまかせ」になっていると
初産《ういざん》は通常
　陣痛がきてから出産まで十二時間かかります
お願いしておくと
大体二時間から二時間半で出てきます
私の孫の時も二時間半でした

第二章　愛着行動　スイッチ・オン

子供は親に何を求めているか

さあ、出産です
また一つ、確認したいことがあります

私は小児科医として
診察室でいろんな親子の姿を見てきました

お母さん
「子供は親に何を求めている」と思いますか
その答えは、子供を育てていくにあたって
どうしてもわかっていなければならないことです
例えば胎児期、あるいは乳児期、幼児期
それぞれに接し方、育て方があるわけですが
それがわかってきます
それがわかってきます
どうでしょう　お母さん
子供は親に何を求めているのでしょう

「強い保護」を求めている

それは「強い保護」です
胎児から思春期まで
子供は親に「強い保護」を求めています

世間でよくいわれているような
子供の自由だの独立だの権利などは
全然要求していません

胎児がお母さんの胎内でいられるのも
強い保護があってのことです
自由だの権利だのと思った瞬間から
育児は間違った方向にむかいます

当然、強い保護をすれば、それには強い規制が伴います
これが育児の大事なポイントです

育児に段階あり

ここで
大切なポイントをもう一度確認しておきます
まず、子育ての指針の基準となる「生命の意味」
おわかりいただけたでしょうか
そして、子供をどう育てるかの、「三つの問い」
答は出ているでしょうか
　それらを持ったとして
　育児は次のような段階で進んでいきます

生後の一時間
原信頼をつくる六週間
インプリンティングの時期、六週から六ヵ月
アタッチメントを確立する時期の六ヵ月から三歳まで
　それぞれの段階で重要なポイントを説明していきます

赤ちゃん　おめでとう

赤ちゃんが生まれた瞬間
お母さんは言葉にいえない感激があったと思います
　そのかわいい赤ちゃんを今まで多くの産科では
　すぐ新生児室に連れていってしまいました
　これは非常にまずいやり方です
すぐにやらなければならないことは
臍の緒を切らないうちに
赤ちゃんをお母さんのお腹の上に乗せてやることです
孫の潤明は当然そのようにしてもらいました

　このように出産した赤ちゃんの看護記録を見ると
赤ちゃんはまるでミミズのようにうねうねとうねらせて
お乳を探し当てて吸った、と書いています
これがお母さんにとっても、赤ちゃんにとっても
非常に重要な意味をもっています

母乳製造スイッチ・オン

赤ちゃんが生まれた直後の一時間というのは
二つの理由で非常に重要な意味があります

一つは三十分以内にお母さんがお乳を吸わせることです
なぜかというと
赤ちゃんが生まれた後の三十分間
お母さんのお乳は
製造開始のスイッチ・オンを待っているからです
子供が吸いついた時にスイッチがオンし
お乳の製造開始になるのです

生後、長くみても一時間の間に一回目の授乳を行わないと
お母さんのお乳製造のスイッチが入らずに
だんだん作らなくなっていきます
お乳の出ないお母さんは
ここの所で失敗しているといえます

自分の体温を調節する

もう一つ重要なことがあります
赤ちゃんはお母さんと肌を接触することで
自分で自分の体温を
ピタッと調整できるようになります

このように生後一時間というのは
赤ちゃんにとっても重要な意味をもっています
ですから、赤ちゃんが生まれたらすぐに
お母さんのお腹の上に乗せる病院を探して
お産したらいいですね

ところが今は訴訟社会
問題が起きることを恐れ
まだまだ
それをやらない病院があります

本当はすぐには泣かない

赤ん坊は生まれたらすぐギャッと泣く
そう思っていませんか
本当は泣きません
黙って生まれてきます
なぜでしょう
太古の時代、お母さんが木陰とかでこっそり分娩したとして
その途端にギャアと泣いたとします
そこに狼が通りかかったらどうなるでしょうか
「これはいいご馳走が出た」ということになります
それを医者が「間違いなく生きたまま取り出したぞ」と
さかさまにしてぶったたいて泣かすのです
この世に出てきて最初の経験が
逆さ吊りにされて尻を叩かれる
とんでもないことが今でも常識として通っています
これは最悪のことです

生後一時間の勝負

生まれた後の一時間というのは
赤ちゃんは非常に頭がしっかりしていて
何でも覚えてやろうと
必死になっています
　しかしその一時間が過ぎると
眠くなってしまいます

お腹の上に赤ちゃんを乗せる
そのことで、お母さんのお乳にスイッチが入り
自分で体温調整ができるようになります
そしてこの一時間が出発点となり
人を信頼するという
原信頼が芽生えていきます

「子供は強い保護を願っている」ということがよくわかりますね

焦点距離は二十〜四十センチ

赤ちゃんは
およそ二十センチから四十センチまでの固定焦点で
生まれた瞬間からものは見えます
ただ生まれたばかりのときは
今まで見たこともないものを見るので
それが何だか分からない
でもきちっとピントがあえば見えます

これは
お母さんに抱かれて
おっぱいを吸っているときの距離
お母さんの顔と赤ちゃんの顔との距離です
ですからお母さんの顔が
ぴったり見えるようにできています

原信頼の芽生え

生まれて一時間が過ぎた後の次の六週までは
お母さんとの一体感がきっちりとでき上がっていく時期です
これがこれからの人生における
すべての土台になっていきます
ですからこの間の過ごし方は非常に重要です

この時期に発生するのが原信頼《げんしんらい》
基本的信頼ともいいます
これが六週までにできて
そして次の六ヵ月までの時期にはいります
しかし原信頼ができていないと次の六ヵ月がうまく機能しません
　この非常に重要な時期
とにかくお母さんは赤ちゃんと一緒にいて
かわいい、かわいい、でいいです
抱っこと笑顔で原信頼をきちんとつくってください

インプリンティング

六週から次の六ヵ月までを
刷り込み・インプリンティングの時期といいます
簡単にいうと赤ちゃんが人見知りするまでの期間です
インプリンティングの本質を一言でいうと
自分と母は同質だと思うことです

たとえば鳥は、生まれたらすぐ動き回ります
ですからインプリティングは
殻の中と親鳥との間でもうすでにできあがっています

人間はハイハイするまで六～八ヵ月かかります
この時期、自分で移動できません
それで自分の身体は母の一部だと思い込む
すなわち母子一体感が確立します
これでインプリンティング終了です

ボクはお母さんの一部

母子一体感が確立すると
なぜ人見知りをするのでしょうか

赤ちゃんは、お母さんの身体である手や脚や顔の
一部として自分があると思っています
そこにお母さんと違った顔が目の前にくると
お母さんの顔とは違うことがわかります
同時に
自分もお母さんの一部だと思っていたのにそれも違う
だから怖くなる
それで人見知りが発生します

お母さんとの一体感がないと
目の前に現われた人が誰だか区別がつきません
それで人見知りもしないということです

狼に育てられた少女

ちょうどインプリンティングの時期に狼にさらわれた
アマラとカマラの話を知っているでしょうか
「おまえは狼なんだよ」
といわれたかどうか
人間の赤ちゃんが狼に育てられました
助けられたあとも狼の行動しかできません
「みにくいあひるの子」という童話もあります
白鳥があひるに育てられた話です
母アヒルに「おまえはアヒルなんだよ」と刷り込まれ
白鳥なのに、アヒルの行動しかできません
白鳥となって飛び去ることもしません
そういうふうに人間も「おまえは私の子よ」と愛情をもって育てられ
ボクのお母さんはこの人だということを確認する
それがインプリンティングです
生後六週から始まって六ヵ月で終わります

刷りこみ七つのポイント

インプリンティングはとても重要な課題です
正常に終了していないと
次の段階に進むとき支障をきたすからです
ではインプリンティングが正常に終了するには
赤ちゃんにどう接したらいいのでしょうか
七つのポイントがありますので紹介します
一つ目、赤ちゃんがお母さんのお乳を吸うこと
二つ目、赤ちゃんがお母さんの顔をみつめること
三つ目、お母さんが赤ちゃんに話しかけること
四つ目、お母さんが赤ちゃんの微笑みに応答すること
五つ目、赤ちゃんがお母さんにしがみつくこと
六つ目、お母さんの動きに赤ちゃんもついていきたいと思うこと
七つ目、赤ちゃんが泣き呼ぶこと（このときお母さんは
できるだけ早く戻ってあげること）
これをきちっとやればインプリティングはうまくいきます

抱き癖をつける

七つのポイント自体は
当たり前というくらい当たり前のことですね
あと大事なことは実践です
　簡単明瞭《かんたんめいりょう》
　七つをまとめていえば
　抱っこです
　抱き癖さえつければ
　全部できるということになります
とにかく
「いい子だ、いい子だ」といって
抱っこしていればいいのです
それさえしていれば
何の問題も発生しません
　一に抱っこ二に抱っこ
三、四がなくて五に笑顔です

ダメな子供の育て方

七つのポイントの反対をやれば
間違いなくダメな子供に育ちます

赤ちゃんがさかんに、自分に注目してほしい
認めてほしいとサインを送っているのに
応答しないで無視する
知らぬふりをする
　お母さんのひざに
まとわりつこうとするのに振り払う
呼んでいるのに返事をしない
赤ちゃんが見ているのに見てやらない

忙しい、時間がないというだけでなく
日頃このような態度をとっていませんか
大丈夫ですね

インプリンティングが終了すると
次ぎにくるのがアタッチメントです
六ヵ月から三歳ころまでに確立します
　この時期の子育ては
インプリンティングに続いて非常に大事です

　ここで問題になるのが
母子の一体感です
すなわち
インプリンティングが終了していないと
発生しないということです

アタッチメント

アタッチメントというのは
母親にくっついていたいという行動
日本語で愛着《あいちゃく》行動といいます

お母さんがいない

ここでインプリンティングから
　アタッチメントに移行する仕組みを説明します
インプリンティングで
自分を養育してくれる人
自分を保護してくれる人
自分を見守ってくれる人
それは誰なのかが決まっています
つまり「僕とお母さんは一体」という
母子の一体感ができあがっています
　子供が動き回るようになると問題が発生します
　人間の場合、動き回るようになるのは六ヵ月から七ヵ月
　つまりハイハイするようになってからです
ハイハイしてお母さんの目の届かない所に行く可能性がでてきます
お母さんにくっついていたいと常に思っているのに
自分の目の前に、お母さんがいない、子供にとって大問題です

ボクを誰が守ってくれる?

このとき重要になってくるのがアタッチメントです
　僕を誰が守ってくれるのか
お母さんとしては、誰を守ればいいのか
僕とお母さんの間に
守り守られる関係があるかどうか
それが問題になってきます
もちろんあれば子供は安心します
それがアタッチメントの確立ということです
アタッチメントが確立されれば
安心して動きまわることができるからです
　しかも一生にわたって影響します

ではこの重要なアタッチメントが
どのようにして確立していくのか、
それを見ていきましょう

お母さんここにいるよ

これはもうみなさんが
日常体験していることばかりだと思います
　それにお母さんがどう対応しているか
　それがアタッチメント確立に影響します

子供はお母さんが見えなくなると
泣きます
後を追います
　お母さんに離れてもらいたくないので
　スカートの端につかまっていたりします
こういう場合
お母さんがちゃんと対応してやれば
子供は安心します
　それを繰り返すことで
常にボクを保護してくれると思うようになります

お母さんが守ってくれる

また子供は、一人で隣の部屋に行くようになります
しばらくして、お母さんのいる部屋をちょっと覗《のぞ》いて
お母さんの顔を見て安心します
そのようなことを繰り返して
お母さんがボクを守ってくれることを確認します
　そしてちょっと大きくなると
　表に出て行ったり、裏に行ったり
　少し遠くまで行けるようになります
　どこへ行ってもお母さんが守ってくれる
　そういう自信と確信があるから出て行けるのです
また、お母さんが家にいれば子供は外に出たがります
いないと出ないということがあります
それは、守ってくれる人がいないと
おっかなくて出られないわけです
　これを愛着行動といいます

最初の対象はお母さん

他の動物は
　子が成体になればこの関係はなくなります
しかし人間は
一生涯にわたってこの関係は存在します。
　子供から見てアタッチメントの最初の対象は
お母さんです
　次に参加するのはお父さん
それから友達、教師、恋人というふうに
　愛着対象が段々に広がっていきます
アタッチメントが成立することで
人を信じる、人を愛することの
基本を学んだということになります
それが生後六ヵ月から三歳くらいまでの時期です
　これをきちっとでき上がってない子が
実はいじめっ子になります

優位でありたい

アタッチメントが成立している子供は
誰が自分を保護してくれるかを納得しています
成立していない子供はそれがありません
　そういう子供は
　常に人に対して優位であることを保つために
　言葉でも暴力でもふるいます
それが、いじめっ子です
自分を助けてくれる人が確実にいると知っている子は
常に優位に立つ理由がないので
いじめっ子にはなりません

　いじめとは本来、弱い者いじめのこと
　だから昔から弱い者いじめはいけないというのです
　ここのところがわかっていないと
　対策も間違ってきます

弱い者いじめ

弱い者をいじめてはいけないというのは
弱い者と強い者がいて成立する話です
　自分は強い
　それなのに弱い者をいじめている
　それはいけないこと、卑怯《ひきょう》なこと
　だからやめよう
　という理屈が成り立ちます

世の中というのは
あらゆる点で差が生じます
誰が強くて誰が弱いのか
スポーツの世界でも勉強の世界でもそうなります
だから、強い者は弱い者をいじめたらいけない
それが徹底されれば
いじめは大幅に減少するでしょう

いじめの根源

戦後教育の悪い面として
例えば運動会、一等も六等も賞品が同じであったり
差をつけないでゴールさせたりします
弱い者と強い者を区別しないようにしています
するとみんな自分が弱い者になってしまう
強い子を世間が強い者と認めていれば
自分は強いのだから弱い者をいじめてはいけない
そういう論理が発生します
それがないところに大きな問題があります
　そこにアタッチメントが確立していないとなれば
　暴力でも言葉でもふるって
　優位に立たなければという衝動にかられてしまう
　これがいじめの根源です
いじめが大きな社会問題になっていますが
母子関係のほうからはこの所をしっかりとおさえておかなければなりません

抱っこは一日最低四回

少しいじめに時間をとりました
アタッチメントの確立が終われば
後は抱っこ、抱っこです
　抱っこばかりをしていたら
　いつまでも親離れしないのではないか
　と思われるかもしれません
実はそれは逆で
抱っこしてほしい時に十分抱っこしてやれば
早く抱っこされなくてもいい状態になります

抱っこは一日最低四回
朝起きた時
学校や幼稚園へ行く時
帰って来た時
寝る前
　これだけはぜひやってください

いつまで抱っこをすればいいの

抱っこによって子供は
愛情の燃料タンクを満タンにします
　抱っこする時間は、といえば
三秒か四秒
それでもう満足します

では、抱っこはいつまでやったらいいか
子供のほうが
もう抱っこはしてくれなくてもいいというまでです
その時からやめればいいのです

　私の経験では
早い子で、小学校の四年か五年です
遅い子で、中学一年か二年ぐらいです

一体感と密着は違う

一つ注意があります
母子の一体感と密着とは違うということです
例えば地上三〇階という高層ビルに住まいがあるとします
お父さんが仕事に行ったら
帰って来るまでお母さんとたった二人きりで一日ずっといる
母子一体感がきっちりできて
いいようにみえるかもしれません
　そうではありません
そういう場合、お母さん自身が寂しくて不安になります
お母さん自身が誰かに守ってもらいたい心境になっています
子供とお母さんの間に守り守られる関係が発生しません
時には子供が私を守ってくれているような錯覚をもつこともあります
　母子一体感は常に
「いろいろな人の中の私達」でなければなりません
それが大事なポイントです

第三章　すぐに役立つ子育てアドバイス

第一章では胎教について
第二章では生まれてから三歳までの間で
特に大事なことを書いてきました。
あとは実践です。そこで第三章では
実際に役立つ内容を取り上げました。

子育てはドミノ倒し

育児に限らず物事で大切なことは
　基本を忘れないことです
子育ての場合、まず
飛び級は絶対にない
ということを頭においてください
いってみればドミノ倒しであって
一つ一つの段階を経て次に進みます
　その流れを示すと
　親から子への世代間伝達
　胎教
　生後一時間
　六週間
　六ヵ月
　三歳
　　と続きます

本気で真面目に

えー　知らなかった
満足に対応しないまま次に進んでしまった
　というお母さんもいるかもしれません
そういうお母さんにも
この本でぜひ自信をつけていただきたい
そして、あまり完璧《かんぺき》主義にならないでください
　　基本さえできていれば大丈夫
　　やり直しのチャンスもあります
その一のお勧めが抱っこです
ただし、これには条件があります
それは「本気で真面目に」やることです

子育てに、外注とコンビニはない
簡単、便利さだけを求めたら
その時点で育児は狂ってしまいます

善悪を教える

子育てはこの一点にあり
といってもいいくらい重要なことは
子供に、善悪を教えることです
どういうことが正しいか、正しくないか
それを子供に教えることができたら
子育ては合格　といっていいでしょう
それくらい大事なことです
　それが子供の心に
どういう過程を経て備わっていくのか
それを説明しましょう

子供は親に何を求めていたでしょうか
それは「強い保護」でしたね
独立とか自由とか権利とかは求めていませんでしたね
そのことをまず頭においてください

お母さんに褒められたい

子供は二歳ぐらいになると
お母さんの役にたって褒められたい
という気持ちがでてきます
　親としては
　頼みもしないのに「何やってんの」ということになります
それでも子供は何かをやって
「いい子だ。よくやった」
とお母さんに褒められたいのです
　当然、子供のやることですから
　下手で時間がかかります
ここが大事なところです
　親として余計なことをと思ったとしても
「ありがとう、いい子だね。助かった」
「本当にいいことやってくれた、助かったよ」
と褒めましょう

即《そく》、注意する

そして子供は
何が正しくて、何が悪いかはわかっていません
間違ったこと、悪いことをしたら
注意しなければなりません
しかも即、注意してください
叱ることにしろ、諭《さと》すことにしろ
「すぐやる」ことです
そこがポイントです

なぜなら、そういうことを通して子供は
お母さんが喜ぶことはいい事
お母さんが嫌がることは悪い事
という善悪の基本を身につけていくからです

お父さんは舞台

ここでお父さんにも登場してもらいましょう
こういう場合お父さんは
どういう立場にあるでしょうか
やはり子供が乳幼児の間は
お母さんがその相手です
育児をドラマにたとえるなら
お母さんと子供がドラマの主役で
お父さんは舞台の床ということになります
床がしっかりしてこそ
その上に乗っているお母さんも子供も
安心して演技ができるわけです
でこぼこだったり穴が開いていたりすると
ちゃんとした演技はできません
安定した演じることのできる舞台であれば
お父さんは合格です

なぜ悪いか説明しない

もう一つポイントがあります
　叱ったり、注意をしたりすると
　「どうして悪いの」と子供は聞きます
　その時、どうするかです
多くのお母さんは
「おまえの今やったことは
　こういう理由でダメなんだよ」
という説明しているのではないでしょうか
　結論から言えば、しない方がいいです
　あまり意味がないからです
まして「お父さんが悪いといったから」というのは最悪です
その瞬間、お母さんは
「私はおまえがやったことに対して
　正しいか正しくないか判断できませんよ」
と子供にいっているのと同じになるからです

いまにわかります

バスの中で騒いだ子供に
「いけません、運転手さんにしかられますよ」
というお母さんがいます
これもダメです
それに「こういう理由だから悪いことなんだ」といったとき
子供が「あ、そうかそうだったのか、わかったよ」
と言ったらそれは嘘です
そこでわかるなら始めからしません
わかっていないからやったのです
ではどうしたらいいのでしょうか
「お母さんがいけないといったらいけないんです」
この一点張りでいってください
それでも「どうして」って食い下がってきたら
「いまにわかります」といえばいいのです
この辺はテクニックですから順番を間違わないでください

常に親が主導権を持つ

そうはいっても
と心配になるお母さんがいるかもしれません
大丈夫です、お母さん、自信を持ってください
このやり取りには親が絶対に譲ってはならない
大事な、大事なことがあるからです
それは何でしょうか
　一分一秒、あるいは何をするときでも
「親は常に主導権を持つ」ということです
　これは、子育て全般にわたっていえることです
お父さんのせいや運転手さんのせいにするのは
主導権を放棄したことになるのです
子供がかわいいだけに
つい対等な立場になって説明してしまう
　多くの親が陥りやすい点ですので注意してください
主導権は、常に親が持っていなければなりません

困ったときは泣く

それでもうまくいかない場合もあります
その時はお母さんだけの奥の手があります
「どうしてこう聞き分けのない子が生まれたんだろう」
と泣けばいいのです
子供は母親が泣くことにとても強い罪悪感をもちます
お母さんが泣くほど悪いことをした
ということを子供なりに理解します

ただしそれもこれも
きちっとアタッチメントができている母子に限ります
それができてない人が
突然言っても隣のおばさんに言われたと同じで
全然効き目がありません
泣くにしてもしょっちゅう使っていると
効き目がなくなりますので要注意です

いい子が突然悪い子に

親が子供にすることで一番まずいのは
子供と仲良くやりたい、人権を尊重したい、独立を尊重したい
この誤った考えのもと、生まれてから思春期まで
子供の要求をとめどなく呑《の》んでしまうことです
そういう経過で育てられた子供は
思春期になると偉そうにガンガン親にいうようになります
ついに親も譲れなくなり突然説教魔に変わります
これに子供はついていけません
　こうなったときの子供は
「あんな普通のなんでもない円満な家庭の子供が
　どうしてあんなことをやったんだろう」
などと言われる事件の張本人になります
　本気で子供と付き合ってこなかった
　強制もしてこなかった
止めどなく呑んできた家庭に多いパターンです

絵本の持つ意味

善悪を教えることの重要性を前に書きました
その方法として絵本は大きな力を発揮します
子供が悪いことをしたときには
「してはいけません」「今にわかります」
の一点張りでいいと書きました

しかしその方法はあまりにも抽象的《ちゅうしょうてき》です
そこで具体的な例として絵本が役に立つのです
しかも擬人化《ぎじんか》してあるので子供に説明しやすい
なぜカチカチ山で狸は背中に火をつけられたか
なぜ舌切り雀は舌を切られたか
動物にしていることが絵本の知恵なのです

最近では何でも動物愛護ということで
残酷《ざんこく》な部分を手直しする話があります
逆に子供は残酷さがわからなくなり
人を傷つけても平気ということにもなってしまいます

お父さんも育児に参加せよ？

母性愛というのは愛情ホルモンがでて
自然発生的、動物的に発生します
父性愛は自然発生的にはでません
「今、目の前にいる子供は俺の子なんだ」
という確認するところから始まります
すなわち父性愛は社会的に発生するものです
だからお父さんは
社会的なことを教える立場にあります
男女共同参画基本法を後ろ盾に
ジェンダーフリーを主張する人達は
「お父さんも育児に参加せよ」とわめいています
そう改めていわれると
参加していなかったように思ってしまいます
その主張に騙《だま》されてはいけません
日本の家庭を崩壊させる危険性を含んでいるからです

子供ととにかく遊んでやる

「育児に参加」という言葉の狙いは
どういうことでしょうか
　そういわれなくてもお父さんも
　子育てに立派に参加しています
ようするにお母さんのいる状態で
おむつを取り替えたり、お風呂に入れたりすると
子供は喜びます
　お母さんのいないところではどうでしょう
　お父さんと二人ぽっきりでやっても
　子供は喜びませんね
　不安になるだけです
ですから
そういうことがお父さんの育児参加ではないということです
では何か、といえば
子供ととにかく遊んでやる、それがお父さんの育児参加です

遊びの中で社会性を学ぶ

例えば二歳くらいの子供がいたとします
ポーンと上に放り投げて落ちてくるのを受けとめる
こういうことをお父さんはよくします
しかしお母さんは、ほとんどしません
なぜなら、危ないからです
お母さんは守る立場にあるからです
この危険で乱暴な遊びというのは
一方通行ではできません
例えば、両手をもってぐるぐる回るような遊び
赤ちゃんの方もきっちりつかまっていないとダメですね
上に放り投げる遊びも
落ちてくるそのわずかな時間の間に
子供はちゃんと体をひねって
お父さんが受け取りやすいようにします
これはすでに子供が社会性を学んでいるということです

群に加わる掟を教える

父親が子供と遊んでやるということは
子供の成長にとって非常に大事な意味をもちます
とにかくお父さんは子供と遊んでください
　遊んでやるといっても
あくまで躾、教育の一環ですから
友達のような関係になってはいけません
指導的立場にいなければなりません
社会性を身につけるということは
「群（社会）に加わるための掟《おきて》」
を教えることです
それが躾です
　躾は強制的に教えなくてはなりません
子供と平等ではできません
躾をするためには
父親に、強さ、厳しさ、忍耐力が必要です

父親として人生を教える

父親は、子供の年齢に応じて
「男らしさ」「女らしさ」
「善悪」「公正」「秩序」「規律」「良心」
「信念」「信頼」「尊敬」「友情」「忍耐」
などを教えていかなければなりません
父親がしっかりとしていないと
このどれも教えることができません

そうすると子供は
「善悪と真実の人生」ではなく
「損得と妥協の人生」を
たどることになってしまいます
子供と本気で一生懸命に遊んだ父親は
どんなことでも話し合える関係を子供と築くことができ
父親としても成長します。

お父さんのみの時間はない

では父親は
いつまで子供と遊んだらいいのでしょうか
それは、子供が「もういいよ」というまでです
一日のうちで何回という考え方でなくて
何歳までかということです
だいたい中学校に行くようになると
友達のほうがよくなって
「お父さん、もういいよ」ということになります
具体的にいうなら、最初の子が十二才になるまで
お父さんは自分だけの楽しみ、自分だけの休日をもってはいけません
そういう約束で子供は生まれてきています
私には四人の子供がいました
最初の子供で十二年間
二年後に子供が生まれ、十四年間
結局、十八年間それを守ってきました

生きがいを持たせる

子供に生きがいをもたせることも
　親にとって重要な役割です
自分が今この世にいるということが
誰かのお役にたっている
自分がいなくなれば誰かが悲しむ、困る
そういう自信が生きがいになっていきます
　その出だしはお母さんです
　ボクがいるということ自体がお母さんを幸せにしている
　ボクがいなくなったら、お母さんが悲しむ
　これが生きがいの出発点です
子供が四歳から五歳になったら自分の老後の話をしてください
子供の表現力は下手ですが、感覚は大人と同じです
「歳をとって寝たきりになったら
　おまえ達にご飯も食べさせてあげられない
　服も買ってやることもできない。そうなったときどうする」

老後を子供に頼む

百パーセント子供達は「任せなさい」といいます
その時の返答が大事です
歳をとり、子供の世話にならない自信があっても
「俺は年をとったら自分達でちゃんとする
お前達の世話にならない、心配しなくていいよ」
ということを絶対にいってはいけません
　なぜかというと
　「そんな状態になったのに
　　まだ俺を必要としないのか」
　と子供は思うからです
「おまえは、いてもいなくてもいい人間だ」
といわれたと同じことになります
　大人なら、親父はあんなこといっているけど
　どうせ俺の世話になりたいに決まっていると裏を読みますが
子供は裏を読みません

生きがいを心に刻む

このやり取りがなぜ生きがいに役立つのでしょうか
子供の最初の生きがいとして
心の中に刻み込まれるからです
何も、本当に世話にならなくてもいいのです
そのつもりもなくてもいいのです
でも養老院に行くのはいやだ
老人ホームに行くのもいやだ
お前達に看て貰って死にたい
それは願いだということをいうのです
大人でも、そこまで信頼されたら嬉しいですね
子供にとってそれが生きがいにつながるのです
マイナス面は一つもありません
大事なのは、世話にならなくていいといってから
世話をしてくれというのはダメです
ここが一つのポイントです

親の希望を必ずいう

同時に親は
　どういう人になってほしいのか
　その希望を子供にいわなくてはいけません
実業家でも医者でも法律家でも
とにかく親の希望を必ずいってください
　そうでないと子供は、どんな人になりたいか
　何もないところから考えなくてはなりません
親がいうことによって
それを基準に自分の目標を立てることができます
　従うか従わないかは別です
　昨日までそう思っていたけど
　今日からこれだと変わってもかまいません
親の希望をいうことが大事なのです
子供からみればボクのことを一生懸命考えてくれている
そういう証拠になるからです

偉人の生き方を伝える

そのときに役立つのが偉人伝です
偉人とは多くの人や世の中のためになった人です
子供に偉人伝を読み聞かせたり、親が話をしてやることで
「自分は誰のようになりたいのか」
「何に人生をかけるのか」
という思いがでてきます
　そしてだいたい思春期の頃には
それを決めなければなりません
日本人なら例えば、坂本竜馬、二宮尊徳
吉田松陰、西郷隆盛、東郷平八郎、挙げればいくらでもいます
もちろん外国人もたくさんいます
偉人の生きた姿を学ぶことで
世のため、人のために生きることの素晴らしさを知ります
頑張る意欲も出てきます
　偉人伝は子供に勇気と夢と生きる力を与えてくれます

親の人生を語る

子供に親の思いを語る
偉人の生き方を伝える
同時に親は
自分の生い立ちを語ってください
子供が人生の指標を決めるとき
大きく役立ちます

そして
「誰のようになりたいのか」
「何に人生を賭《か》けるのか」
子供が自分なりの指標を出してきたときには
本気で真剣に考え
指導してやらなければなりません

父親は子供に社会性を身につけさせる
重要な使命を持っているからです

母親がリーダーでもよし

父親が自分の役割を全うする
母親の強い後ろ盾になっている
そういう親子には
良好なアタッチメント（愛着行動）が成立します
　父親が群のリーダーとして
役割を確実に果たすことによって
その家族はすべての面で
情緒的にも、経済的にも
　健康の面からも安定します
もちろん、母親がリーダーになっても
何の問題もありません
ただ大事なことは
どちらがリーダーになるにしろ
　なったら最後までやりとおすことです

お父さんに感謝する

家庭のあり方は一定ではありません
それぞれあっていいわけです
そういう意味でお父さん、お母さんも
いろいろあっていいわけです
ところがお父さんの働く姿がみられなくなり
給料が銀行振り込みになり
お父さんのどこが偉いのか
今はお父さんの肩身が狭い時代になっています
　お母さんは機会をみつけて
　お父さんを持ち上げましょう
お父さんが子供と遊んだときはチャンスです
お母さんが子供と一緒になって
お父さんに感謝する
　そうするとその後の子育てに
いい面で効いてきます

挨拶のできる子に

感謝の言葉は人と人の信頼を強くし
人間を成長させてくれます
　そして
　おはようございます
　行ってまいります
　ただいま
　ありがとうございます
　おやすみなさい
　すみません……
挨拶は
人と人との気持ちを和《なご》ませてくれます
これが元気でなされる家庭は幸せです
社会に出ていくための基礎中の基礎です
「ハイ」という返事も大事です
　大事なのは赤ちゃんが生まれる前から夫婦で実践することです

他人に迷惑…は間違っている

世間の常識になっているもので
これは間違いというものがあります
みなさんもよく使っている
「他人に迷惑をかけない人になれ」
という言葉です
これは、非常に危険な意味を含んでいます
例えば、私がいま誰かに何かをしたとします
それが迷惑かどうか
それを決めるのは、された人のはずです
ところが、「他人に迷惑をかけない人になれ」と教えるのは
迷惑かどうかは、自分で決めていいということです
すなわち自分が迷惑ではないと思ったら
何をやってもいいということになります

これは、育児方針としては絶対に誤りです

されて嫌なことはしない

読者のみなさんの中に
「他人に迷惑をかけない人になれ」
と教えてきた人がいたら
すぐにやめてください

その代わりとして
「自分がされて嫌なことは人にしてはいけない」
と教えてください
そうなれば迷惑かどうかは、うけた人の判断になるので
何をやってもいいことにはなりません

そうした教え方よりも
やはり具体的な人物を示すのがいいでしょう
そういう意味で偉人伝は役に立ちます
もちろん、お父さんのように、お母さんのようにでも
かまいません
でも、ちょっと身近かすぎますね

完璧主義はいけない

人間ですから完璧な人はいません
しかしどうしても人は完璧を求めてしまう
育児ノイローゼという言葉があります
私は嫌いですが
その根っこにあるのは完璧主義です
全部自分の思い通りにならないとイライラしたりします
もっと心に余裕を持ちましょう
車でいえば、ハンドルの遊びをもつことです
私が親ならこの程度か、でも
自分の親に教わったやり方しかできないわ、でも
そういう楽な気持ちになりましょう

そのときに大事なのは
前にも話しましたが
「本気で真面目に」にやるということです

子供は親孝行をしたい

人は、愛する人のために尽すとき
無上の喜びを感じるものです
しかしそれは
人を愛することのできる人でなければできません
そして人を愛するためには
子供のときに愛された経験を
持っていなければなりません

お母さんの、抱っこ、褒める、笑顔
みんな愛された経験になっていきます

子供は、愛する人のために尽す喜びを
もう二〜三歳から覚えます
基本的に子供は親孝行をしたいものなのです

反抗期などはない

子供に聞き訳がないと
「いま反抗期ですから」とよくいいます
私は、反抗期はないと思っていますので
　この言葉は使いません

私にいわせれば、自我伸長期です
もう一段上に上がっていきたい
自分を主張したい
そういう時期だと思っています
　親にわざわざ言われなくても
　わかっているよ
　そういう態度が反抗的に感じてしまう
認めて欲しい気持ちがさらに強くなっているわけです

そういう時は、「そうか、そうか」
お前の気持ちはよくわかっているよと受け止めればいいのです

神様からのご褒美

二番目の子供が授かるのは
一人目を一生懸命に育ててきたご褒美と思っています
心理的にも
子育てを一生懸命にやっているうちは乳がでます
ほっと一息ついたときに
排卵があって次の子が授かります
　一人目の子育てが合格した
そのやり方でいいよと神様が認めてくれた
　そう思えばいいでしょう

だから前の子と同じやり方でやればいい
また前の子供で経験しているので
手抜きしていいところはしていいです
　三番バッターと八番バッターに投げる配球が違うように
違っていいのです

孫への小遣い

子育てというのは
良くも悪くも世代間伝達で、孫の代まで伝わります
おじいちゃん、おばあちゃん
自分の子育てがちゃんと引き継がれていますか
おじいちゃん、おばあちゃん
お孫さんに小遣いを渡すときどうしていますか
お金の判断がつかない間は
直接、渡さないでください
親に渡してください
実際は千円を渡したのに
五百円になってもいいのです
そうすることでお金の大切さを理解します
おもちゃの場合は直接渡しても大丈夫です
そのとき親は、親が買えない高いものを買ってもらって
「よかったね」と、子供とともに喜びましょう

三歳まで与えてダメなもの

小遣い、おもちゃはよしとして
三歳まで
子供に与えてはならないものがあります

テレビと
ピーナッツと
チョコレートです

ピーナッツはうっかり吸い込んで胸に入ったら
ピーナッツ肺炎といって
絶対に治らない病気になってしまいます
チョコレートはもちろん虫歯
テレビの問題は第五章で説明します

子供の前で褒めあう

「お母さんとお父さんのどっちが好き」
子供にこう質問をする人がいます
とんでもない迷惑な話です
子供は本来、お母さんもお父さんも大好きだからです
大切なことはお父さん、お母さん「大好き」という気持ちを高めてやることです
子供は喜びます
それには、お母さんはお父さんを
お父さんはお母さんを、子供の前で褒めることです
極端なことをいえば
腹のなかがどうであろうが子供の前では褒めるのです
好きなお母さんがお父さんを褒めた
好きなお父さんがお母さんを褒めた
子供にとって
こんなに嬉しいことはありません
それがアタッチメントとなって人格形成にいい影響を与えます

先に苦労する

お母さんになった
子供もいい子で健康に育って欲しい
しかし自分も遊びたい
　これは欲張りというものです
「二兎を追うものは一兎をも得ず」
別の見方をすれば
　先に苦労するか
　後で大苦労するか
　　後での苦労はずっと続きます
子供に規則正しい生活を躾けるのは
親にとって楽ではありません
泣きたいこともあります
悩むこともあります
　しかし物は考えようです
「先に泣くか、後で泣くか」です

育児か、仕事か

「育児をとるか、仕事をとるか」
私達が日常よく直面する難問です
この設問には答はありません
なぜなら設問そのものが
間違っているからです

育児は労働ではありません
育児は親と子の人生の一部です

子供を託児所や保育所にあずけて
仕事をする人もいると思います
その場合は、常に
「すまない」
「申しわけない」
という気持ちを忘れないでください

子供が表情を変えない

お母さんが仕事をしており
託児所などに子供を預けている場合
厳重な注意とチェックが必要です
特に子供が三歳未満の場合は要注意です

夕方子供を受け取りに行き
親と再会したとき
明らかに嬉しそうな顔をすれば
あまり心配はありません
　表情を変えない、親を無視する
　視線を合わせない
　などの場合は
家に帰ったらまず何より先に
しっかりと抱っこして
子供の気が済むまで
遊んでやらなければなりません

子供の心　修復確認

果たしてそれで
　子供の心が修復されたかどうか
　　それを判定する目安があります
一、母親の抱っこする時間が少なくなったか
二、母親の抱き方が、乳児が欲しているリズムと
うまくかみ合ったか、子供が満足したか
三、母親の慰めに乳児はどんな反応をしたか
嬉しそうだったか、そうでなかったか
四、乳児が自分のほうから
愛着の発信を母親に働きかけてくるように
仕向け、励ましを与えたか
五、与えたおもちゃが乳児に合っているか
六、母親や父親が乳児に対して
とても愛しているということを
言葉と態度で表わしたか

人工栄養を選んだ場合

人工栄養で育てる場合
その都度「ごめんねお母さんを許してね」
と心の中でお詫びをしなくてはなりません
　これが礼儀というものです

人工栄養を選んだ母親は
常に自分を戒《いまし》めていないと
母乳を与えているお母さんに比べて
プロラクチン（乳腺刺激ホルモン）
の分泌が少ないので
母性愛の発生に加速がかかりません
　そういう場合は
えてして動物にエサをやるような
いい加減な気持ちになりがちになります
それをしては
心の栄養を与えることができません

母乳と同じように飲ませる

たとえ夜中であっても
いかに眠くても
赤ちゃんに
哺乳ビンで粉ミルクを与えるときは
できるだけ
母乳を与えるときと同じような状態に
しなければなりません

ちゃんと正座するか
椅子に腰掛けるかして
赤ちゃんを抱き
その顔をしっかり見つめながら
授乳しましょう

やさしく微笑みをかけながら

生命をいただく

食べ物をいただくときに
ありがとう
いただきますといいます
食べ物は常に
何かの生命を食べています
それをいま提供してもらって食べている
　それに対しての「ありがとう」です
生命を提供してくれたものでないものを
我々が食糧にしているものはありません
　水や空気も含めて
天が私達に与えたわけですから
「ありがとう」です
食事を通して子供に感謝の気持ちを教えることも
とても大切なことです

食事は躾そのもの

食育という言葉をよく耳にします
食の乱れが指摘されるなか
食事に関心がいくことはいいことです
食事というのは、単に健康の維持ではなく
躾《しつけ》教育そのものであるということです

箸の使い方を教える
食べ物に感謝する
物を大切にする
作ってくれた人に感謝する
感謝の気持ちでいただく
使った食器などを洗う
かたづける
親の手伝いをする
などなど、食事をするときには
いろんな教育的要素がそこに含まれています

好き嫌いは親がつくる

食べ物を無理に食べさせることは
絶対にしてはいけません
「食べてください、お願いします」
というのもダメです
食べ物に対する感謝の気持ちを忘れてしまうからです
生まれつき食べ物の好き嫌いは
赤ちゃんにはありません
好き嫌いはすべて親がつくります
　子供に好き嫌いをつくらせないコツは
　次の二つです
一、親がその食べ物をとてもおいしそうに食べて見せて
　子供の興味をそそること
二、嫌いだといって食べようとしないときは
　「お前が食べようと食べまいと
　今日のおかずはこれしかない」という態度でのぞむことです

口に入れて確認

赤ちゃんは何でも口に入れます
基本は食べてしまうということですが、それぱかりではありません
軟らかいか、硬いか
食べられるものか、食べられないものなのか
例えば鉄のサイコロがあったとすると絶対に食べません
手の触覚、口の触覚、味、におい、口に入れて確認しているのです

参考に申しあげると
タバコを間違ってのんだといって病院にくる子供が結構います
実際にはのんでいない場合がほとんどです
あのにおいのものはのめないのです
仮に入ったとしても一片くらいです

ただし、いくら赤ちゃんにとって口に入れるのは学習の一つとしても
危険なものは子供の手の届かないところに置くことが大前提です

心の発育三つの段階

赤ちゃんの心の発育には
三つの重要な段階があります

第一段階　これは六ヵ月までです（インプリンティング）
幼児が、ある特定の人物（母親）を
はっきり認識して対人関係を確立する時期です
（愛着対象の決定）

第二段階　三歳までです（アタッチメント）
たえず身近にいる相手として
母親を必要とする時期です
（愛着行動の発達と、心の安全基地形成）

第三段階　三歳以降です
母親がそばにいなくても
精神的関係が維持できる時期です
（心の安全基地完成）

オンブのお勧め

オンブの優れた点を紹介します

一、赤ちゃんの股が開いた形で固定できる

二、母の両手が使えるので母が何かにつまずいたときでも赤ちゃんが放り出されることがない

三、何か危険なことに出合ったとき母は走ることができるので非常事態から素早く遠ざかることができる

四、赤ちゃんの体温や汗ばんだ状態を母は背中で感ずるので赤ちゃんの健康状態がわかる

五、母の身体のぬくもり、声のひびきが赤ちゃんに直接つたわるのでスキンシップの点でよい

六、赤ちゃんは常に母と同じ方向を向いているので母が今、何をしようとしているのか赤ちゃんにわかり、母子の一体感が強くなる

日本的育児法

伝承されてきた日本人にふさわしい
主な日本的育児法を挙げておきます

・夫婦は仲むつまじくしなさい
・赤ちゃんとは添い寝をしなさい
・連れて外出する時はオンブをしなさい
・お父さん、お母さんを大切にしなさい
・兄弟姉妹は仲良くし助け合いなさい
・世の中の役に立つ人になりなさい

こうした教えを次の世代にも伝えていきたいですね

第四章　育児といじめについて

いじめの原因

いじめ問題が大きな社会問題になっています。子育てにとって重要な問題ですので、この章で改めて取り上げることにします。おそらくニュースに出てくるのはごく一部で、現実はもっともっと多く発生しているように思います。

それを苦に自殺をする子供もいるわけですから、子供を持つ親にとっては本当に心配です。

いじめの発生は、前にも触れたように育児に大きく関係しています。愛着行動（アタッチメント）が、きちんと成立しているかどうか、という問題です。

それにもう一つ、いじめの定義をはっきりさせることが大事です。それがないと対策が遅れたり間違ったりするからです。現にそうなっています。

政府としてはこれを放っておくわけにはいかず、平成十八年十一月二十九日、教育再生会議が緊急に八つの提言を行いました。その詳しい内容はともかく、緊急ということもあって、対症療法に大きなウエイトが置かれています。

病気の場合もそうですが、熱があって体が辛くなればそれを回避するために対症療法も絶対に必要です。同時に大切なのは、その熱がどうして出ているのか、その原因を探って、もう熱が出ないようにすることです。

それが医学でいうところの原因療法です。

弱い者をいじめるから悪い

教育再生会議の提言は、原因的なことを考えた場合に、二つの問題点があります。

一つは、いじめという言葉の定義です。いじめという言葉は、本来、弱い者いじめからきています。私たちは子供のころ、「弱い者いじめをしてはいけない」と習いました。

「いじめをしてはならない」とは習いませんでした。

つまり、強い者が弱い者に対して、精神的、肉体的な暴力を加えることをいじめといいます。

卑怯《ひきょう》な行為ですので、それは許せないということです。

弱い者同士、強い者同士の場合は喧嘩《けんか》です。

ですから、いじめの根元的な問題は、「弱い者いじめ」です。

このところをはっきりさせていないことが、いじめ問題を複雑にしています。

ですから、「自分は強いのか、弱いのか」、その判断ができるように、大人が子供にその年代に応じて教えておく必要があります。それが分かれば、自分はある点で強い。それなのに弱い者をいじめるとなると、それは卑怯だということが分かります。

例えば運動会で一等を取った者には、きちんと一等賞をやる。そのことによって自分はその分野では強いということを認識できるようになります。同時にそれをみんなも認めたことになります。

ここのところやらないと、いじめという言葉が一人歩きしてしまって、いじめの定義が発生しなくなり、いつまでもいじめがなくならないということになります。

犯罪は断固処置する

加えて行為についても、どれがいじめに当たるのかをはっきりさせる必要があります。そうでないと何でもいじめとして処理されてしまい、かえって混乱を招くことになるからです。

ではどんな行為があるか、思いつくものを挙げてみます。

意　地　悪……心がねじけて、人につらくあたること（またはあたる人）
嫌がらせ……相手が嫌がるようなことを、わざといったり、したりすること
暴　　言……人を傷つけるような乱暴な言葉

暴　行……他人に暴力を加えること
脅　迫……害悪を加えることを通告して、人をおそれさせること
恐　喝……金品をおどし取ること、ゆすり

さて皆さん、どれがいじめに該当する行為でしょうか。私の考えは、意地悪、嫌がらせ、暴言がいじめに該当し、暴行、脅迫、恐喝はいじめではなく犯罪行為とみます。よって、その行為が暴行、脅迫、恐喝であると判断できれば、やった者の年齢を問わず警察に届けるなどして断固たる態度で処置すべきです。

それをせずに、いやそれができないために、むしろいじめ問題を複雑にしていると私は思っています。

親子は守り守られる関係

アタッチメント（愛着行動）の問題点についてはくり返しになりますが、例えば誘拐とか、あるいはお化けとか、何か恐怖を感じたとき、子供は逃げ込む場所があるかどうか。また親はそれを受け入れることができるかどうか。

その関係が親子でできているかどうかということです。

それが成立していないと、誰も自分を守ってくれないことになり、自分は弱い立場にある人間ということになります。弱いということは、いつ危害を加えられるか心配でならない。それがいじめる側の精神的状況です。

いじめられる側としては、酷いことに遭ったらすぐにお父さん、お母さんのところに行ってすがればいい。しかしアタッチメントに問題があると、それができません。自分を守ってくれるという信頼が親に対してないからです。

またお父さん、お母さんにしても、体裁のいいことだけをいって命がけで守ろうとしない。本来、親というのは命がけで子供を守るものですが、アタッチメントが成立していないとそれができないわけです。

いじめ問題の解決には、まず優劣、上下、強弱を社会全体が認める。それに、乳幼児期、特に母とのつながりをきちんと築く。この二つをやることです、

対症療法の厳罰主義だけでは、根本的な解決になりません。

世代間伝達

母とのつながり（母子一体感）、それにアタッチメント（愛着行動）の成立が、いじめ問題解決につながるとなれば、それをどう築いていくかが重要になってきます。

そのながれについて、もう一度ここでまとめてみたいと思います。

最初にでてくるのが世代間伝達です。親の育て方が、子供に伝わっていく。別ないい方をすれば、親がやったやり方でしか子育てはできないということです。それを私は、子育ては孫の代までといっています。

新しい命の誕生。とにかくわが子はかわいいものです。とくに赤ちゃんは無条件でかわいいですね。

ところが中には、自分の子供がかわいくないという親もいるようです。

なぜそのような親がいるのでしょうか。

それは、自分の親に自分自身がかわいがられてこなかったということが大きな原因になっています。いわゆる世代間伝達というものです。

読売新聞の夕刊に、こんな記事が出ており驚きました。アメリカの話ですが、一歳の子供を電子レンジにかけて殺したというのです。極端な例かもしれませんが、あきらかに世代間伝達です。

でも、わが子がかわいいというだけで、子供はよく育つでしょうか。

必ずしもそうはならない。そこが子育ての難しいところです。

人間の祖先はサルではない

常々私は、人間の祖先はサルであるという進化論に対して大きな疑問を持っています。もっというならその考えを否定しています。

人間の祖先は人間であって、決してサルではないはずです。

人間はサルの進化した動物と教えられて、子供達は人としての尊厳は育つでしょうか。

いまの歴史教科書で一番悪いところは、考古学から教えているところです。考古学は生物学または博物学の範囲であって、歴史とは何の関係もありません。

やはり歴史は神話から始めるべきです。

もっと突っ込めば、人間は地球上で発生した生命と私は思っていません。仮に地球上に発生したとしても、実在する神が遺伝子操作をしたと思っています。

そのへんがはっきりしていない。少なくとも、はっきりしていないのにサルから進化したといってもらっては困るのです。

どうしてサルはいつまでもサルなのでしょうか。サルが進化して人間になったというなら、いずれサルだって人間になるのかということです。

ならないでしょう。

人間がサルだという証拠があるのでしょうか。

あれば、いずれサルは人間になるかということです。

人間は人間であって、決してサルが進化したものではないと私はいいたいのです。

であるなら、人間は人間らしく育つといっていいようですが、そうはならない。そこには落とし穴があるのです。

育て方によって人間は、サルより悪くなってしまいます。

人間から消えた行動パターン

なぜ、育て方によって人間は、サルより悪くなるのでしょうか。

少し学問的に説明しましょう。

それは動物が本来持っている行動パターンが、人間から消えてしまっているからです。動物は、その動物としての生き方である行動パターンをそれぞれに持っています。

ですから、その行動パターンにそって生きていけばいいのですが、人間はそれを持っていないということです。

例えばカラスは水面には降りません。それは、水面に降りれば溺れるということをカラスが知っているのではなくて、舞い降りないという性質を持っているだけのことなのです。

サルは、サルとしての生き方を先天的に持っているし、渡り鳥の雁は、渡り鳥としての行動パターンを持っている。

すべての動物は、先天的にその動物として生きる行動パターンを持っているのです。

したがって動物は、その生活行動パターンから外れた生き方は絶対にしません。やればすなわち死に至るからです。

ところが人間は、そういった生活設計図というか行動パターンをほとんど失ってしまっているのです。

しいていえば、残っているのは食欲しかないようです。

ということで人間は、人の行動パターンを持たないで生まれてくるので、育ちのなかで人の生き方を身につけていかなければならないのです。

逆にいえば、いろんなパターンの生き方を身につけることができるということです。

もうおわかりでしょう。

育て方によって人間は、良くも悪くもなるということです。

育て方を間違えれば、サルより悪くなることもあるのです。

その鍵を握っているのが親であり、時期でいえば乳幼児期ということになります。

狼に育てられたアマラとカマラ

ここで二つの例を取上げます。一つは狼に育てられた少女です。

一九二〇年十月十七日、インドで狼に育てられていた二人の少女が保護されました。推定年齢一歳六ヵ月のアマラと八歳のカマラです。

二人は人間としての生活ができるようにと手厚く養護されたのですが、アマラは十一ヵ月後に、カマラは九年後に、狼の習性を残したまま死んでいきました。

カマラは生後六ヵ月にならないうちに狼にさらわれたと推定されます。それで「お前は狼なのだ」ということを母狼に刷り込まれ、カマラ自身も「自分は狼なのだ」と思い込むことになります。

そして九年間、人間によって育てられたのですが、知能は三歳か四歳程度のままで死んでしまいました。

何を意味しているかおわかりでしょう。

幼児期に刷り込まれたものは消えないということです。

いかに幼児期における親の接し方が重要か、それがわかります。

僕は何者なんだろう

もう一つは、逆の意味を持つ話です。

カスパー・ハウザーはバーデン大公の第一王子として生まれました。ところが王位継承の争いと陰謀が渦巻き、三歳ぐらいのある時、突然、地下牢に閉じ込められます。明りもなく、しかも座るのが精いっぱいという酷い所でした。番人の顔さえ見ることができないという状態で十数年間押し込められていました。食事はパンと水だけでした。

ところが何者かに助けられ、再び人間社会へ放り出されます。

ニュールンベルク市の片隅で発見された時には、きちんと立つこともできず、言葉も、意味のわからない決まりきったことしか話せませんでした。

しかし個人教授がついて教育すると、その一年後には会話の力もどんどんつき、翌年には回顧録を書くまでになりました。

カマラの場合とカスパーの場合は、なぜかくも違うのでしょうか。

この謎を解く鍵は二人の三歳までの育てられ方にあります。

カマラは狼のインプリンティングを受け、八歳まで狼でした。カスパーは人間のインプリンティングを受け、三歳まで人間として育てられました。

カスパーは十数年もの間、人間の姿すら見ることができないという地下牢で、悲惨な生活を強制されながら、「自分は人間である」ということだけは忘れませんでした。

すなわち三歳までに刷り込まれたものが、カマラもカスパーも剥《は》ぎ取られなかったということです。

母と子、ゆるぎない一体感

二つの話から、三歳まで子育ての影響がいかに大きいかということがわかったと思います。

そこのところをお母さんはしっかりと理解して、子育てをする必要があります。しかしそれは、お母さんが赤ちゃんに何かをしてやるという、母から子への一方通行ではインプリンティングが成り立ちません。

ちょうどピンポンのゲームのように、母親の動作に赤ちゃんが反応し、赤ちゃんのしぐさに母親が応えるという、母と赤ちゃんのやりとりの中で進行しきます。

赤ちゃんにお母さんがやさしく話しかけ、微笑みかけてやることによって、赤ちゃんは一日一日と発育を続け、次第に母の動作に反応するようになります。

母と子の二人はこの時、お互いに満足感と幸福感にみちあふれた、ほかのどんな人も入り込むことのできない一体感に包まれます。

そこには母と子だけの、一つの「世界」ができ上がっているのです。

この一体感がゆるぎないものになるには少なくとも三歳までかかるのですが、中でも特に重要なのは、六ヵ月までの間です。インプリンティングの時期です。

この間、母はわが子をせっせと抱き上げ、しっかりと抱き癖をつけなくてはなりません。抱き癖をつけることが、赤ちゃんに精神的栄養を与えることであり、母と子の一体感を築きあげる唯一無二の方法なのです。

赤ちゃんはこの一体感の中で言葉を覚え、愛を取り入れ、また、母の外出などで時々一体感が破られる経験をすることによって時間を覚えていきます。

言葉と時間と愛、これこそがほかの動物にはない、私たち人間だけに与えられているものです。

一緒に行動したい（愛着行動）

インプリンティングが不足なく終了することによって、「この子は私の子」「この人はボクの、私のお母さん」という親子のお互いの確認、すなわち母子の一体感が成立します。

このことが、あたかもドミノ倒しのように、今度は次の段階であるアタッチメント（愛着行動）を解発《かいはつ》（起動またはスイッチ・オン）します。

要するに自分を愛育してくれる人にくっついた状態を維持しようとする行動で、それは遺伝子に組み込まれています。

すなわち子育ては、子供をあらゆる危険、災難から守ることから始まります。

これが原点です。

ですからわが子が可愛いということは、自分の命に代えても守りたいということです。その覚悟が親にあってこそ、子供はお母さんのところに行って安心できるわけです。

そういったことを子供は、三歳までに覚えます。

安全の基地

ここで大事なのは、赤ちゃんは愛着行動のシステムを生まれながらに持ってはいますが、それをスイッチ・オンするには、それまでに解発因子（インプリンティング）が終了していなければならないということです。

そうでなければスイッチが作動しません。

ふつうの温かい家庭で育った子供は、だいたい六〜七ヵ月には、誰に世話してもらいたいかをはっきり表わすようになります。すなわちインプリンティングが終了し、母親は子供にとっての「安全の基地」になります。

これが子供の成長に大切な要素になります。

なぜなら、子供の行動は何でも知りたいという探索行動、いわば冒険と挑戦をしているわけですので、いろいろ失敗したり危険な目に遭ったときに、その「安全の基地」に帰ることができます。

しかしそれを持っていない子供は、帰る所がないので挑戦ができません。ということは人間として成長するチャンスを失うということになります。

そして乳児期や児童期で母と子で結ばれた絆（愛着行動・アタッチメント）は、青年期や成人期においても存続し、加えてまた新しい絆で補完していきます。

その新しい絆とは、普通異性との間で結ばれます。すなわち、恋愛をする場合にも基礎となり、生涯にわたって人格の中心にもなっているのです。

幼稚園は教育の場

インプリンティングからアタッチメントへ、すなわち、精神的にも肉体的にも困ったときにはどこへ逃げ込めばいいのか。母子が一体となって認識するようになるのが三歳までということです。

それができ上がって、ようやく社会に向かって目を開いて出ていくことになります。いいかえれば人間社会の掟を教える時期に入ります。それが三歳以降です。

人間は群、すなわち社会を作って生きていますので、子供が成長してその社会で生きていくためには、その社会の掟を学ぶ必要があります。それをしてくれるのが幼稚園です。

これはまた親ではできません。いままでいた閉鎖社会の中では、子供が実際の社会と比較対照ができないからです。だから幼稚園という、いわゆる教育機関に預ける。そこに教育の意味があります。

保育園とは違います。保育園は生活管理ですから、社会との付き合い方は教える必要がないのでやりません。まして保育園は三歳未満も預かっていますから、三歳を超えた園児だけに幼稚園と同じことをやれるかといえば、実体としてなかなかやれません。

もちろん保育園でも、園長の考えで幼稚園と同じように教育をしているところもあります。

要は幼稚園に行くことによって、自分が属する社会の玄関を開けてもらい、そこで今度は社会人になるための、本当のごくごく初歩の処し方、卵の殻を割るようなところから教えてもらうわけです。

子供の問題は親の問題

幼稚園の一つは集団ですから、社会人としての生き方を学びます。先生のいうことを聞くとか、団体行動するとかということで社会性が身についていきます。

しかし幼稚園では、その目的と手段とが一体になっている。そこでいろんな能力を同時に身につけていくことになります。

幼稚園の中には園の独自性を出すために、音楽を教えたり体育を教えたり漢字を教えたりするところがあります。それは社会の一員になるために、教えるというものではありません。団体行動をするために体育をやっているのではありません。そのこと自体が目的です。

その吸収力は　凄いものがあります。指導によってこんなにも子供は成長するものかと驚く幼稚園もあります。

ともかく幼稚園は、人間社会に入るための資格取得のようなものといえます。

そう考えると、六歳から小学校というのは本当にうまく考えたものと思っています。小学校へ行くための準備を幼稚園でする。やはり小学校は小学校で、幼稚園とは違います。幼稚園からみれば、少し突き放した感じです。

それでいいと思います。

段階的にいうと、自分で考えて、自分で行動して、自分で責任をとるということの最終が二〇歳だとすれば、その段階、段階に応じて資格を取得するために、幼稚園、小学校、中学校、高校があるということになります。

いま一番間違っているのは、三歳までの子供に「自分の考えでやれ」という親がいるということです。

これは絶対に無理です。

親は子供を教え導いていかなければなりません。

褒めるは励み　叱るは奮起

子供の成長過程で、親は次の二つは必ずやってください。

いいことをしたときには褒める。

悪いことをしたときには叱る。

なぜなら、褒めることは励みにつながり、叱ることはそのとき嫌がられても人間の成長につながるからです。

人間生きていれば、いいことも悪いこともあります。そういう現実も子供たちにはしっかりと認識させておく必要があります。

意味なく「ごめんね」という親がいますが、これは絶対にいけません。

叱る、褒めるというときには、「ごめんね」は絶対に使わないようにしてください。

例えば子供がテーブルにぶつかったとします。

「ごめんね。お母さんがこういうものをここに置いたから」

ではなく
「お前が不注意だからぶつかった」

というようにいわなければいけません。

なぜかというと、それは親の主導権を放棄することになるからです。

この場面で親がよくとる行動は、ぶつかったテーブルの部分を「ここが悪い」といって叩くことです。これは子供を尊重しているようで、実はそうではないのです。

ではどうすればいいかというと「ここにぶつかれば痛いのがわからないのか」と教えることです。

当然親としては痛い目にあった子供がかわいいので、テーブルを叩きたい気持ちはわかります。でも、親がテーブルを叩くことと、ここにぶつかれば痛いということを教えることの、どっちが子供の将来においてためになるでしょうか。

痛いことがわかれば、危ないものに対しては自分で注意するようになります。社会にでれば、そういう場面がたくさんありますので、その答は明らかです。

あくまで親主導で

ただこれをいうと、誤解をする人がいますので、いま一つの例を説明します。

例えば、財布をすられたとします。そのとき、「すられるようなポケットに入れておいたお前が悪い」というい い方があります。

しかしこのいい方は「テーブルにぶつかったお前が悪い」とは全然違います。

ここで問題にしているのは、主導権を誰が握っているかということです。

テーブルの例え話は、子供に危ないものには注意しなさいと、親が主導権を握っているのです。財布の場合は、すられたお前が悪いとなれば、お前とすった者と同罪になってしまいます。すなわち財布の場合は、やり方の問題であって主導権の問題ではありません。

財布の場合とテーブルの場合では、意味合いが全然違います。

ともかく叱る、褒める、を実行するには常に親が主導権を握っていることです。

それがあって躾が可能となります。

モノを大切に

それと現代は物が豊かになり、どうしても粗末にする傾向があります。それでは子供の教育にいいわけがありません。

そこで、日本に昔から使われていた「もったいない」という言葉を取りあげます。

「え、それって、二〇〇四年にノーベル平和賞を受賞したケニアのワンガリ・マータイさんがいった言葉じゃないんですか」

なんていわないでください。

彼女は二〇〇五年に来日してこの言葉に出合い、感心し世界に発信する旨の話をしたのです。

日本人はこの「もったいない」を単に物だけではなく、

「そんなに親切にしてもらって、もったいない」

というように人の行為にも使います。

どこからそのような言葉、思いがでてくるのでしょうか。

それは、物や形、あるいは人の行為そのもの、表面だけを見ていうのではなく、それに伴う心を大切にしているからです。もっというなら、日本人は何でも神様にしてしまいます。山も川も岩も木も、とにかくそこに命が宿っているという思いがあるのです。

だから捨てるのは「もったいない」「もうしわけない」という気持ちになるわけです。

食事をするときでも同じです。

例えばお土産をもらったとき、あなたは包み紙をどうしますか。ビリビリと裂いて捨てますか。

それとも、丁寧にとってからたたみ再利用を考えますか。

あるいは仏壇に供えてからというお宅もあるでしょう。

いずれにせよ子供は、親のやり方を真似ます。

ワンガリ・マータイさんにいわれるまでもなく、子供に「もったいない」精神を伝えていくことは大人の大切な役割です。

その精神の典型は、モノを大切にすることといっていいでしょう。

親は毎日の生活のなかで「ありがたい」「もったいない」の気持ちを忘れず、子供に見本を示していきましょう。

子供は国の宝です。

朝ごはん欠食の問題

食事の大切さは前で触れましたが、最近は朝ごはんを食べない家庭の割合が増えているようです。いろんな意味で問題があります。

あなたのご家庭ではどうでしょうか。

それは大きく言って三つあります。

一つ目は、栄養面での問題。

二つ目は、躾の面での問題。

三つ目は、社会性の面での問題です。

躾については先に説明したので、栄養面について説明します。

朝ご飯というのは、夕べから今朝《けさ》まで絶食状態で来ていますから、それにエネルギーを補給する役割があります。

そのためには即エネルギーに変わるものが朝には必要です。

エネルギーに変わるまで手間ひまかかるのは、朝ご飯としては不適当です。いいかえるとそれは蛋白と脂肪です。朝から肉、ハム、ソーセージなどはだめです。

朝でいいのはデンプン質です。ご飯、味噌汁、漬物、のり、納豆などです。

実験すればすぐにわかります。角砂糖に火をつければすぐにつきます。それと同じようにすぐ燃えるのがいいのです。

朝ご飯を食べてエネルギーを注入してやらないと、学業にしろ、仕事にしろ、幼児の遊びにしても午前中の活力が低下し十分に力を発揮できません。

次のエネルギーがくる間、体に蓄えているグリコーゲンを使うことになりますが、それでも昼までには底を尽きます。

もう一つは、結局一日にとらなければならないエネルギーは決まっていますので、食べていないと空腹感も出てすべてが後にずれていきます。夕食が夜食の時間になってしまいます。

そこでそのエネルギーを消費せずに寝ると、蓄積にまわります。

その結果、肥満につながります。

肥満になると、子供のうちから生活習慣病になりますので要注意です。

現実に、そういう子供がたくさんいます。

そういう習慣では社会との結合がうまくできない。社会性が欠けるということになります。

豪華な弁当は成績を下げる

このテーマは、お母さん方が非常に興味を示します。

どんな食べ物でも私たちは食事をすると、身体が温かくなり、少しけだるい、いい気持ちになります。消化管の中に食べ物が入ってくると、私たちの身体はその食べ物を消化吸収する作業を開始しますが、この作業にともなって身体の細胞の活動が活発になり、体温計では測れない程度ですが、軽く発熱します。

このことを、食物の特異動的作用といいます。この作用は、糖質、脂質、タンパク質、いずれにもあるのですが、この中でタンパク質が最もその作用が強いのです。

だからタンパク質を多く食べた後は、ほかの物を食べたときよりも身体が温まり、私たちは満足感と幸福感を覚えます。

例えば、昼食に「かつどん」を食べたときと「ざるそば」を食べたときとでは、「かつどん」を食べた後のほうが「ざるそば」のときよりはずっと眠いはずです。

さてそうすると、日常生活で午後が眠いようでは困ります。

例えば、受験をひかえた中学生を考えてみましょう。

私の知るかぎり、今の中学生のお弁当のおかずは全般的に豪華過ぎます。とんかつ、焼き肉、ハンバーグ、ソーセージ、ハム、卵焼き、鶏の唐揚げ……これらのものがぎっしり詰まった弁当をおなか一杯に食べたら、午後の授業のときには、必ずと言ってよいほど眠気がでます。

食後の満足感と幸福感にひたっている中学生にとって、先生の授業はたぶん心地よい子守唄に聞こえるでしょう。

中学生に午後もしっかり勉強させようと思ったら、弁当には豪華なおかずをつけるべきではありません。

育児の時期は、こういうところまで考える必要はありませんが、子供はすぐに成長します。まずは人が人として生きていくための基礎づくりが大切です。
一に抱っこ二に抱っこ　三、四がなくて五に笑顔
心にゆとりをもって、育児を楽しんでいきましょう。

第五章　子育てに意外な落し穴

テレビに子守りをさせていませんか

テレビをつけると喜んで見る
見ている間はおとなしいので、手がかからない
お母さんとしては安心かもしれません

実はそこに、意外な落し穴が……

いままで述べてきたことのすべてをダメにするくらい
大きな問題です
インプリンティングを、アタッチメントを
正面から阻害してしまいます

この問題について、財団法人日本小児科医会も警鐘を鳴らしています
その会の発行する小児科医のためのハンドブック（二〇〇七年一月）
『「子どもとメディア」―乳幼児を中心として―』を参考にしながら
どんな問題があるのか見ていきましょう

メディアとの接触が低年齢化、長時間化

テレビは楽しいし勉強になるし
だいいち、子供が喜んで見ている
それなのになぜ悪いの？　と思うかもしれません
「ごもっとも」といいたいところですが
もしテレビの影響を軽く考えているなら
これを機会にぜひ考え直してください
まず問題なのは、その内容もさることながら
テレビ、ビデオを含むメディアとの接触が
低年齢化（早期接触）
長時間化（長時間接触）していることです
詳しくは後で述べますが
メディア漬けの生活では、外遊びの機会を奪い
コミュニケーション能力の低下を招いています
さらには運動不足、睡眠不足を招き
言葉や心の発達にも問題が生じることになります

赤ちゃんからメディア漬け

早期接触、長時間接触の実態を見てみましょう
三歳未満の保護者から得た意識調査の回答があります
　子供に意識して視聴させる割合
　　六ヵ月未満　　　　一五・一％
　　六ヵ月から一年　三五・一％
　　一歳を過ぎると　六四％
　（意識してというのはテレビ視聴がいいと思っている証《あかし》といえます）
一歳から三歳の子供がいる家庭でテレビ、ビデオがついている時間
　　二時間以内　　約三〇％
　　三時間以上　　約七〇％
　　六時間以上　　七・六％
一歳までの乳児でテレビ、ビデオのついている部屋で過ごす割合は九〇％以上
授乳中や食事中にテレビ、ビデオがついているのは約六〇％
意識して見せ始めた開始時期が生後六ヵ月で既に三五・六％
　この数字を見て、あなたはどう感じますか

子供の文化破壊、生活破壊

こうしたメディアとの早期接触、長時間接触は就学してからも続いています

メディア漬けは乳幼児に決定的なダメージを与えるばかりでなくそれ以後の子供たちにも引き継がれることになります

メディアとは、テレビにビデオ、テレビゲーム、パソコン、ケータイなどを含みますそれらが普通に存在する現代社会、なかった時代と何がどう変わったのでしょうか

テレビのなかった一九四一年と、メディアが普及した一九九〇年に行ったＮＨＫ生活時間調査を見てみると

分類が異なって比較しにくいのですが

家庭で家事を手伝ったり、家族で会話をするという子供の「生活文化」

そして外で子供同士が遊ぶという「子供文化」の時間が激減しています

読書の時間も奪われました

簡単に言えば、「子供の文化破壊」が起こっているのです

もっといえば、人類の歴史を画するといっても過言でない文化環境破壊の真っ只中にいるのです

五感、視力が育たない

子供文化の体験、生活文化の体験は
子供が大人として成長していくために、とても重要な意味があります
　子供の体と心、言葉の発達に大きく影響するからです
　　きちんと育てたはずなのに、どうして？　と思うときがあれば
　　テレビ、ビデオの影響を考えてみる必要があります
　ではどういう影響が子供たちにあるのか見ていきましょう

人の五感というのは、使いながら発達していきます
テレビなどを見ている場合には触覚、嗅覚、味覚は使いません
そのため、それらの感覚の発達を妨げます
　メディアとの長時間接触は近距離で長時間平面画面に正対し続けることになります
一九七〇年代前半から、視力は悪化の一途をたどり
バレーボールやソフトボールの際に顔にボールを受けたり
ドッジボールで突き指をしたり、階段を踏みはずすなど
立体視力が育っておらず、距離感がつかめない現象が見られます

コミュニケーション能力の低下

乳幼児期は言語形成期としても大切な時期です
その期間に長時間、人と言葉を交すこともなく
応答性のない電子画面と向き合うことで
コミュニケーション能力は
きわめて低いレベルにとどまってしまいます

さて、次が大きな問題です
そうした子供たちは
幼児期には噛み付く
引っ掻く、体当たり、奇声などを発生し

年齢が上がるにつれて
棒やナイフ、庖丁、爆弾、放火などで
自分の感情や思いを〝表現〟するようになっていきます
二〇〇四年、佐世保の小六の少女がクラスメイトを〝消去〟した事件
二〇〇六年、奈良の高校生が母親と弟妹を焼き殺した事件

それらはその象徴的なケースといえるでしょう

体が育たない

テレビを長時間見ているということは
歩くことも、体を動かすことも必要ありません
そのため
一生自分のからだを支える「足」が育ちません
背骨を支える背筋や腹筋も発達しません

現在の子供の足は三十年前の老人の足です
重心は後ろに下がり、足指は地面を圧していない
長く歩けない、転びやすい、転んで顔から落ちることがよくあります

また筋力が危機的状況にあります
一九六四年から一貫して背筋力は低下しています
男子中学生の半数が将来親の介護も危うい状態にあります
女子中学生の三分の二は将来母親として赤ちゃんを抱いたりすると
腰痛やギックリ腰になる状態にあります

自律神経が鍛えられない

テレビなどに接触する環境は
気温変動などの条件が乏しく
　寒さ、暑さを感じなくて育ちます
そのために
自律神経の発達が妨げられます

年齢が上がるのにともなって
自然に発達すると考えられていた自律神経系の機能にも
異変が見られます

血圧調整不良の子供は小学校高学年でも六割から八割

体温調整不良の子供も増加しています

前頭前野の働きを低下させる

脳科学の研究でも影響がわかっています
電子映像への接触は
感情や欲望などの条件をコントロールしたり
人間らしい心の働きや高度の思考
そして未来の予測などを司る
脳の前頭前野《ぜんとうぜんや》の働きを低下させ
しかも
長時間の接触ではその状態を固定化する危険性があります

使えば使うほど活性化する脳が
　人と会話をしたり
　読書をして考えたり
　ということがないために
成長しないで止まってしまうということです

夜ふかしは肥満、生活習慣病に

テレビなどに接触する低年齢化、長時間化は
子供たちの夜ふかしとなってあらわれています
二〇〇〇年に調べた結果があります
三歳児の平均就寝時刻は九時四十四分
同時期に調査した小学校四年生の就寝時刻は九時四十分
三歳児が小学校四年生と同じ時刻に寝ているということです
三歳児が午後十時以降も起きている割合を示すと
一九八〇年　二〇%
一九九〇年　三五%
二〇〇〇年　五〇%
年代を追って多くなっています
ちなみにオーストラリアは一九九〇年で五%です
夜ふかしは体内時計を狂わせます
そして寝不足になり運動不足になり、結果、肥満になります
生活習慣病にもなりやすくなります

いかかでしょうか
よかれと思ってテレビを見せていることが
低年齢化、長時間化につながり
子供の成長にいろんな影響を与えているのです
大事なことはそれをどう改善していくかです

改善のための五つの提言

日本小児科医会では五つの提言をしています
この章のまとめにもなりますので先に紹介します

一、二歳までのテレビ・ビデオ視聴は控えましょう
二、授乳中、食事中のテレビ・ビデオ視聴はやめましょう
三、すべてのメディアへ接触する総時間を制限することが重要です
　一日二時間までを目安と考えます
テレビゲームは一日三十分までを目安とします
四、子供部屋にはテレビ、ビデオ、パーソナルコンピューターを
　置かないようにしましょう
五、保護者と子供でメディアを上手に利用するルールをつくりましょう

結局は親自身の問題

五つの提言でもわかるように
結局は親自身がメディアとどう接していくかということになります
子供のことを本気で真面目に考えれば答えは自《おの》ずとでてきます
私なりの問題提起、改善点を述べていきます

父親がテレビ好きという家庭の子供は
テレビを見る時間が多い傾向にあります
お父さん、十二年間は自分個人のための時間はありませんよ
　家に帰ったら見るわけではないのに
何をするより先にテレビをつける人もいます
これは非常に問題があります
やめましょう
食事中のテレビは消しましょう
食事は一番大事なコミュニケーションの場です
　授乳中にテレビをつけておくのも絶対にやめましょう

ノーテレビデーをつくる

テレビなどメディアの影響を考えたら私は
三歳までは絶対に見せないでほしいと思っています
それができない場合
テレビを見ないノーテレビデーをつくることです
見る時間を決めることもおすすめします

長時間視聴で奪われた時間を取り戻すことで
親子の会話
外遊び、運動
すなわち親との接触時間が持てます
　インプリンティング、アタッチメントは
　親子の接触があって初めて成り立ちます
現実、ノーテレビデーをつくることで
親子の目が合うようになった、会話ができるようになった
頭痛が治った、眠れないのが解消されたなどの報告がなされています

親が変われば状態は変わる

『「子どもとメディア」―乳幼児を中心として―』

を読みながら強く感じたことがあります

それはメディア漬けで育った人が親になっているということです

世代間伝達によって、同じように子育てをしてしまうので

子育てにおけるメディアの問題点を述べても

素直に聞いてもらえないのではないかと不安を感じたからです

そんな私の不安を解消してくれる事例が

このハンドブックのなかに載っていますので、いくつか紹介します

まず、外来できた三歳の男の子の例です

風邪ということできたわけですが、言葉の遅れがある

顔を合わせることができない、じっとしていることができない

家での様子を聞くと一日中テレビの前に釘付け

お父さんと深夜までテレビを見て就寝は一時～二時とのこと

お母さんにお願いしました

「テレビではなく、生身のヒトが相手になってください
テレビはなるべく見せないようにしてください
夜はできれば八時過ぎには寝付くようにしてください」
するとお母さんは猛反発
「この子はテレビが好きです」
「テレビを消すとつけるまで駄々をこねます」
「テレビ好きなお父さんにテレビをつけるなと頼むことはできません」
「私が忙しくて、テレビなしで、子供の相手をずっとしていることはできません」
これ以上、説明しても受け入れは難しいだろうと
「ノーメディア体験」の資料（主婦の友社『ベビモ』二〇〇五・三月号）を渡しました
二週間後ビックリ、なんとこの十日間、完全なノーテレビだそうです
その男の子は私に一生懸命に話しかけます
最近は二十時就寝、七時起床、ご飯も前よりよく食べるようになった
お母さんが絵本を読むことを始めたら
「もっともっと」としつこいそうですが
お母さんは嬉しそうでした

普通に会話ができる子に

四歳七ヵ月の女の子
集団遊びができない、ボーと空を見ている
言葉が一方的で会話にならない
　保育所からそういわれたお母さんが相談にみえた
お兄ちゃんがいるため
赤ちゃんのときから育児ビデオを一緒に見ていた
　診察をすると、感情表現の発達の遅れ
　診察場面で視線が合いにくい
　言語、対人関係の発達に遅れ
自閉症に知的障害を合併したお子さんと考えたが
一ヵ月間テレビを止めてみませんかと提案
　約束を守り一ヵ月間完全中止
毎日親子でお絵かきやお話を続けられたそうです
視線が合い、普通に会話ができる女の子になりました
言語や対人関係の発達も急激な改善が見られました

便がこの一週間でない

九ヵ月の男の子
「便がこの一週間でない」と便秘の訴えで病院へきました
よくお話を聞くと「食欲がない」ことも分かりました
問題は「食欲がない」のは何故かということです
生活習慣歴を見ると、テレビ、ビデオが一日三時間
夜十二時に就寝、朝寝、昼寝、夕寝する赤ちゃんでした

診察をしてみると腹部は平坦、便秘ではありません
笑顔が乏しい、眼の輝きが少ない
視線が合わない、肩こり
赤ちゃんの睡眠障害及び「慢性疲労」による食欲不振と診断しました
テレビ、ビデオの中止、静かな養育環境を整えるように助言しました
軽い睡眠作用を期待して少量の抗ヒスタミン剤を処方
赤ちゃんは一週間良く眠り、食欲も改善され
正常便の排泄が認められるようになりました

完全中止で明るい女の子に変身

六歳八ヵ月の女の子です
学校に行けない
行事があると固まって参加できない
保健室登校で教室に入れない
運動会練習も皆とできず見学
他の発達は良いので、社会的不安障害として抗不安剤を使用してみました
しかし変化はありませんでした
試しにテレビを一ヵ月間止めてみたらとお母さんに提案しました
教育番組なら良いだろうと夕方NHKテレビを見せていたそうです
ボーとして自分から行動しないことが気になっていたともいっておりました
テレビを完全中止すると、三日目に表情が変化し
一時間一緒に勉強したら勉強がわかるようになり
張り切って登校するようになりました
抗不安剤も中止、明るい女の子に変身しました
テレビは一日一時間とお子さんと話し合っておられるそうです

テレビをすぐに消してください

テレビ、ビデオを中止したら
心配していた症状が改善された事例をいくつか紹介しました
おとなしくテレビを見ているので安心なんて
もうそんな気持ちはなくなったと思います

テレビ育児はみんながやってしまう時代です
テレビとの付き合い方を考えるために
一度、テレビを止めてみましょう
テレビ、ビデオで奪われた時間を取り戻しましょう

そして最高の笑顔で抱っこしてください
お父さんも参加して外で一緒に遊んでください

この章は『「子どもとメディア」―乳幼児を中心として―』
を参考に、適宜要約して引用しました

あとがきにかえて

「お母さんありがとう」運動の提唱

かけがえのない大切な日本の将来を担うことになる子供たちを、自信と誇りを持って育てていきたい。そんな思いで何冊かの本をだしてきました。

そのためには、何といってもお母さん方に育児を理解して頂き、お母さん方に自信と誇りを持ってもらわなくてはなりません。

そしてまた、そういうお母さん方の働きを社会全体が認め、感謝するようでなければなりません。

妊娠、出産、育児という一連の仕事は、その国（民族）の将来の根幹を育成することです。本来ならばそれを実践している女性は社会から称賛され、感謝と尊敬の念で見守られていいはずです。

しかしどうでしょう。残念ながらそうはなっていません。

むしろ女性にとって育児は、嫌なもの、辛いもの、苦しいものといった悪いイメージが強くあり、偉業というべきお母さんの働きが低く評価されています。

さらには専業主婦が、非難の的になったりしています。

それでは大切な子育てが、益々おろそかにされてしまいます。


小児科医として四十年、延べでおよそ五十万人の子供たちとそのお母さんと接した者として、これを黙って見ているわけにはいきません。

何かできないものか。いろいろと考えました。

そこで実行している一つが講演会活動です。すでに要請があればでかけています。しかしそれだけでは、力が小さ過ぎます。

そこで思い立ったのが、「お母さんありがとう」運動です。


やることは簡単です。特別にお金がかかるわけでもありません。

お母さんありがとうの声を出すのです。

お母さんありがとうの手紙を書くのです。

自分のできる表現、方法で、お母さんに感謝の言葉を届けるのです。

この世に生を受けている人は、必ずお母さんがいます。ということはすべての人が参加できます。

「お母さんありがとう」

この声を、全国に鳴り響かせていきたいのです。

ぜひあなたも声をあげてください。

平成十九年六月吉日

田下　昌明

第五章を除き

より詳しい内容を知りたい人は

『真っ当な日本人の育て方』（新潮選書）

をお読みください。

出版社からのお願い

お母さんに感謝の気持ちをこめて「お母さんありがとう」の手紙を書いてみませんか。

出版社として、田下昌明先生のご提案を受けて「お母さんありがとう」の輪を広げていきたいと思います。

そこでみなさんから「お母さんありがとう」の手紙を募集し、その集まりの状況をみてできたら出版したいと考えています。

採用の場合は、改めてご連絡を申し上げ承諾を得ます。

原稿（手紙）は一〇〇〇字以内、詩（三十行以内）や短歌、俳句などでも結構です。

送り先　〒116-0013
東京都荒川区西日暮里2-46-4-701
高木書房内「お母さんありがとう」事務局
ファックス　03-5850-5811
Eメール　syoboutakagi@dolphin.ocn.ne.jp

田下昌明（たしも　まさあき）

昭和12(1937)年、北海道旭川市生まれ。医学博士。医療法人歓生会豊岡中央病院理事長。北海道大学医学部卒、北海道大学大学院医学研究科修了。日本家庭教育学会理事、北海道小児科医会理事、日本小児科学会認定小児科専門医、日本小児科医会「子どもの心相談医」、親学推進協会代表委員。著書に『よい子はこうして育つ』（三笠書房）、『母の積木』『田下昌明の子育て健康法』（日本教育新聞社）、『「子育て」が危ない』（日本政策研究センター）、『真っ当な日本人の育て方』（新潮選書）など。

一に抱っこ　二に抱っこ
三、四がなくて五に笑顔

平成十九年八月一日 第一刷 発行

著　者　田下昌明
発　行　株式会社 高木書房
発行者　斎藤信二
〒一一六―〇〇一三
東京都荒川区西日暮里
二―四六―四―七〇一
電　話　〇三―五八五〇―五八一〇
FAX　〇三―五八五〇―五八一一
企画編集　人づくり工房　桜木升晴
印刷・製本　セブンコム株式会社

 ISBN978-4-88471-073-6　Printed in Japan